FEUILLETAGES
Résultats anciens et nouveaux
(Painlevé, Hector et Martinet)

Notes du cours de Monsieur Georges H. Reeb à la onzième session du Séminaire de mathématiques supérieures au Département de mathématiques de l'Université de Montréal, tenue du 3 au 28 juillet 1972. Cette session avait pour titre général « Variétés feuilletées et géométrie différentielle globale » et était placée sous les auspices du ministère de l'Éducation du Québec, du Conseil national de recherches du Canada et de l'Université de Montréal.

SÉMINAIRE DE MATHÉMATIQUES SUPÉRIEURES

DÉPARTEMENT DE MATHÉMATIQUES — UNIVERSITÉ DE MONTRÉAL

FEUILLETAGES
RÉSULTATS ANCIENS ET NOUVEAUX
(PAINLEVÉ, HECTOR ET MARTINET)

GEORGES H. REEB
Université de Strasbourg

1974

LES PRESSES DE L'UNIVERSITÉ DE MONTRÉAL
C.P. 6128, Montréal 101, Canada

LIBRARY OF CONGRESS, FICHE N° 73-86392

ISBN 0 8405 0230 3

DÉPÔT LÉGAL, 1er TRIMESTRE 1974 — BIBLIOTHÈQUE NATIONALE DU QUÉBEC

© Les Presses de l'Université de Montréal, 1974

TABLE DES MATIÈRES

INTRODUCTION

Les exposés qui suivent donnent une idée des recherches en cours
du groupe "Trajectorien" de l'Institut de Recherche Mathématique Avancée
de Strasbourg. Outre les chercheurs dont certains exposés sont résumés
ici, ce groupe comporte GÉRARD, GODBILLON, LUTZ, MARTINET, Madame SEC,
VARELA...

La lecture des Oeuvres de Paul PAINLEVÉ est à l'origine d'un certain
nombre d'idées développées ci-dessous. D'autre part, l'étude systématique
des formes de Pfaff et de leur classe a motivé les autres développements.

Deux exposés oraux ont été consacrés plus spécialement aux travaux
de MARTINET (étude de la classe d'une forme de Pfaff : généricité et transversalité) et de LUTZ (existence de structures de contact sur certaines
variétés). Ces exposés traitent bien du programme esquissé à l'alinéa
précédent. Mais s'il est aisé de résumer ces travaux lors d'une conféren-
ce, il en va tout autrement dans un manuscrit. Nous avons donc renoncé -
à regret - à cette rédaction, préférant renvoyer le lecteur aux articles
originaux.

P.S. - Le premier volume des oeuvres de P. PAINLEVÉ a paru en 1973.

On y trouvera en particulier une littérature abondante.

-I-

ÉTUDE DE L'ÉQUATION $y'' = 6y^2 + x$ (1)

I.   Introduction.

La principale propriété de l'équation $y'' = 6y^2 + x$ (1) est:
toute solution   est méromorphe dans $\mathbb{C}$. Plus précisément, elle fait
partie du tableau de M. Painlevé qui résoud le problème suivant:

Soit $y'' = R(x,y,y')$ où R est polynôme en y et y' dont
les coefficients sont holomorphes en x ; quelles sont parmi ces équations celles qui ont uniquement des solutions méromorphes?

L'étude de l'équation (1) revêt donc une importance particulière
d'autant plus que ce type d'équations apparait naturellement dans l'étude
de la monodromie des systèmes linéaires.

L'exposé qui va suivre, constitue une recherche (non concluante)
de démonstration géométrique, par l'utilisation de la notion de feuilletage (naturellement associée aux équations différentielles), du fait que
toutes les solutions sont méromorphes. Une telle équation est dite à
points critiques fixes.

Outre l'oeuvre de Painlevé (leçons de Stockholm), on trouvera
l'étude de problèmes concernant les équations différentielles dans le
champ complexe dans: Sibuya et Kaplan: On ordinary differential
equations - United States and Japan Seminar (1971).

II. Etude de l'équation.

Lorsque l'on a une équation du type $y'' = f(x,y,y')$ avec f holomorphe en (x,y,y') on pose habituellement: $y' = z$ ce qui nous donne le système:

$$\begin{cases} y' = z \\ z' = f(x,y,z) \end{cases}$$

qui définit une structure feuilletée dans $\mathbb{C}^3_{(y,z,x)}$

En particulier pour l'équation (1) on obtient:

$$(\text{I}) \begin{cases} y' = z \\ z' = 6y^2 + x \end{cases}$$

et si l'on raisonne en termes de champs de vecteurs dans $\mathbb{C}^3$, elle correspond aux champs de composantes:

$$\begin{cases} Y = z \\ Z = 6y^2 + x \\ X = 1 \end{cases}$$

Ce qui montre, puisque $X = 1$, que le feuilletage est transverse aux fibres de la fibration triviale $\mathbb{C}^2 \times \mathbb{C} \xrightarrow{\ \pi\ } \mathbb{C}$

$$((y,z),x) \longmapsto x$$

Malheureusement cette propriété ne donne pas de renseignements topologiques suffisants qui nous permettraient de conclure à l'uniformité des solutions. On va alors essayer de compactifier $\mathbb{C}^2$ (fibres de π) pour obtenir de nouveaux résultats.

III. Compactification de $\mathbb{C}^2$

1) $C^2 \hookrightarrow \mathbb{P}_1(\mathbb{C}) \times \mathbb{P}_1(\mathbb{C})$

On considère dans $\mathbb{P}_1(\mathbb{C}) \times \mathbb{P}_1(\mathbb{C})$ les quatre cartes naturelles: (O_1, ϕ_1) (O_2, ϕ_2) (O_3, ϕ_3) (O_4, ϕ_4) et les coordonnées locales correspondantes: (y_i, z_i) $i = 1, 2, 3, 4$, les changements de cartes étant:

$$y_2 = \frac{1}{y_1} \quad z_2 = z_1 \quad \text{sur} \quad O_1 \cap O_2 \quad y_3 = y_1 \quad z_3 = \frac{1}{z_1} \quad \text{sur} \ O_1 \cap O_3$$

$$y_4 = \frac{1}{y_1} \quad z_4 = \frac{1}{z_1} \quad \text{sur} \quad O_1 \cap O_4.$$

On identifie $\mathbb{C}^2$ à O_1. Dans O_4 le système (I) s'écrit:

$$\begin{cases} - y'_4 \ z_4 = y_4^2 \\ - z'_4 y_4^2 = (xy_4^2 + 6)z_4^2 \end{cases}$$

On voit que: - le point $y_4 = z_4 = 0$ est un point singulier du système

- $y_4 = 0 \quad z_4 \neq 0$ est une solution particulière

- $y_4 \neq 0 \quad z_4 = 0$ est aussi une solution particulière.

Les feuilles correspondant à ces solutions particulières seront dites singulières.

Lorsque l'on enlève l'ensemble singulier $y_4 = z_4 = 0$ on obtient une structure feuilletée transverse aux fibres de π, sauf pour les feuilles singulières (deux dans chaque fibre) et cette propriété est due à la forme très particulière de l'équation considérée.

Les renseignements obtenus sont néanmoins insuffisants pour conclure. On va essayer une compactification de $\mathbb{C}^2$ qui permet de résoudre le problème dans le cas des équations différentielles des fonctions elliptiques.

2) <u>2e compactification de $\mathbb{C}^2$</u>

On identifie $\mathbb{C}^2$ à $T(\mathbb{C})$ et on plonge analytiquement $\mathbb{C}^2$ dans $\hat{T}(\mathbb{P}_1(\mathbb{C}))$, qui est le compactifié du fibre tangent à $\mathbb{P}_1(\mathbb{C})$ obtenu en ajoutant un point à l'infini dans chaque fibre. On peut alors utiliser un atlas possédant quatre cartes (O_1,ϕ_1) (O_2,ϕ_2) (O_3,ϕ_3) (O_4,ϕ_4), les changements de cartes étant alors donnés par:

$$y_2 = \frac{1}{y_1} \quad z_2 = -\frac{z_1}{y_1^2} \quad \text{sur} \quad O_1 \cap O_2$$

$$y_3 = y_1 \quad z_3 = \frac{1}{z_1} \quad \text{sur} \quad O_1 \cap O_3$$

$$y_4 = \frac{1}{y_1} \quad z_4 = -\frac{y_1^2}{z_1} \quad \text{sur} \quad O_1 \cap O_4$$

(y_i, z_i) étant les coordonnées locales dans la carte (i), et $\mathbb{C}^2$ étant identifié à O_1.

Dans la carte 2 on obtient le système:

$$\begin{cases} y_2' = z_2 \\ y_z \, z_2' = 2z_2^2 - 6y_2 - xy_2^3. \end{cases}$$

Mais cela ne nous donne pas beaucoup plus de résultats que la compactification précédente. On va maintenant essayer d'utiliser l'idée originale de Painlevé.

3) Compactification de Painlevé.

Considérons d'abord: $\mathbb{C} \times \mathbb{C} \hookrightarrow \mathbb{C} \times \mathbb{P}_1(\mathbb{C})$ (le plongement de $\mathbb{C}$ dans $\mathbb{P}_1(\mathbb{C})$ étant le plongement habituel) et l'application ϕ définie par:

$$\phi: \mathbb{C}^* \times \mathbb{P}_1(\mathbb{C}) \longrightarrow \mathbb{C}^* \times \mathbb{P}_1(\mathbb{C}) \qquad\qquad \mathbb{C}^* = \mathbb{C} - \{0\}$$

$$(u,v) \longmapsto (y = \frac{1}{u^2} , \; z = - 2u^{-3} - \frac{xu}{2} - \frac{u^2}{2} + vu^3)$$

Recollons $\mathbb{C} \times \mathbb{P}_1(\mathbb{C})$ et $\mathbb{C} \times \mathbb{P}_1(\mathbb{C})$ le long de ϕ. L'espace quotient obtenu est homéomorphe à $\mathbb{P}_1(\mathbb{C}) \times \mathbb{P}_1(\mathbb{C})$, donc compact. Il est en outre muni d'une structure complexe qu'il serait très intéressant d'étudier. Cette compactification de $\mathbb{C}^2$ due à Painlevé a des propriétés remarquables: En un point (u,v) le système s'écrit:

$$(II) \begin{cases} u' = 1 + \dfrac{xu^4}{4} + \dfrac{u^5}{4} - \dfrac{vu^6}{2} \\[2mm] v' = \dfrac{x^2u}{8} + \dfrac{3xu^2}{8} + \dfrac{u^3}{4} - xvu^2 - \dfrac{3}{4}vu^4 + \dfrac{3}{2}v^2u^5 \end{cases}$$

Remarquons que la deuxième équation ressemble à une équation de Riccati, d'ailleurs lorsque l'on change v en $V = \frac{1}{v}$ on obtient une équation analogue. Le changement montre de plus que le point $V = 0$ $u = 0$ est un point singulier. On va néanmoins pouvoir conclure. En effet:

Pour $u = 0$ $v = v_o$ le feuilletage est bien défini et transverse à cette droite puisque $u' = 1$. Comme $y = \frac{1}{u^2}$ les solutions qui passent par $u = 0$ sont des solutions régulières ayant des pôles d'ordre 2 en $u = 0$.

Pour terminer la démonstration, il reste à montrer que les feuilles du feuilletage n'ont pas de points "V = 0" dans leur adhérence, ce que l'on fait en utilisant un raisonnement difficile, de type "analyse" que l'on trouve dans Hille ou dans les travaux de Painlevé par exemple.

Le seul point singulier du système (II) étant le point u = 0 V = 0, on aura donc prouvé que toutes les solutions sont méromorphes et la propriété sera démontré.

IV. Commentaires.

1) Souhait

Dans la partie précédente nous avons vu que pour conclure il fallait utiliser un raisonnement d'analyse. Or on aurait pu espérer trouver un raisonnement purement géométrique, à partir de ce théorème d'Ehresmann:

Soit v_2 une variété algébrique compacte et dans $v_2 \times \mathbb{C}$ un feuilletage dont les feuilles sont de dimension complexe un et transverses aux fibres de la projection π de $v_2 \times \mathbb{C}$ sur $\mathbb{C}$, alors la restriction de π aux feuilles est un revêtement de $\mathbb{C}$; donc les feuilles sont uniformes.

Mais ici il serait vain d'espérer une telle compactification car elle impliquerait que les solutions dépendent algébriquement des constantes d'intégration, ce qui contredit les résultats de Painlevé.

Néanmoins une telle objection tombe pour une variété analytique compacte non algébrique. On pourrait, peut-être, par ce moyen obtenir une solution purement géométrique.

A titre de curiosité voici les trois premières lignes du tableau de Painlevé.

$$w'' = 6w^2 + z$$

$$w'' = 2w^2 + zw + \alpha$$

$$w'' = \frac{w^1}{w} - \frac{w}{z} + \frac{1}{z}(\alpha w^2 + \beta) + \gamma w^2 + \frac{\delta}{w}$$

. . . .

-II-

LE PROBLÈME DE BRIOT ET BOUQUET

ET UN THÉORÈME DE M. EHRESMANN

1. Un théorème bien connu concernant l'équation de Riccati.

On considère l'équation de Riccati

(1) $y' = a(x)y^2 + f(x)y + c(x)$

où $a(x)$, $f(x)$, $c(x)$ sont des fonctions holomorphes de x dans $\mathbb{C}$ tout entier. L'équation (1) complétée par l'équation (1)' où $Y.y = 1$

(1)' $-Y' = a(x) + f(x)Y + c(x)Y^2$

définit dans le produit $P_1(\mathbb{C}) \times \mathbb{C}$ un feuilletage transverse aux fibres $P_1(\mathbb{C})$. Par application du théorème de Ch. Ehresmann auquel nous avons référé plus haut nous en concluons que: Toutes les solutions de (1) sont des fonctions méromorphes. Cette affirmation admet d'ailleurs une réciproque également bien connue:

Une condition nécessaire pour que toutes les solutions de l'équation différentielle (dans le champ complexe) $y' = R(x,y)$, où R est rationnel en y et holomorphe en x, soient méromorphes est que R soit un polynôme de second degré en y.

2. Examen de l'équation des fonctions elliptiques.

L'équation différentielle classique:

(2) $y'^2 = (1 - y^2)(1 - k^2 y^2)$

peut être traitée d'une manière analogue à (1); l'idée remonte à Briot et Bouquet. Le calcul proposé ici est dû à Madame Sec.

Plongeons $\mathbb{C}_z \times \mathbb{C}_y \times \mathbb{C}_x$ dans $\widehat{T}P_1(\mathbb{C}) \times \mathbb{C}$, où $T(P_1(\mathbb{C}))$ est

le fibre tangent à $P_1(\mathbb{C})$, et où $\hat{T}$ s'obtient à partir de T en ajoutant un point à l'infini à chaque fibre . (Voyez la première leçon). Les deux cartes utiles dans $\hat{T}P_1(\mathbb{C})$ sont les cartes (y,z) et (Z,Y) liées par la formule de changement de cartes:

$$Y \cdot y = 1 \qquad Z = -\frac{z}{y^2}$$

L'équation (2) sera alors remplacée par le système:

$$(3) \quad \begin{cases} z^2 = (1 - y^2)(1 - k^2y^2) \\ dy - z\,dx = 0 \end{cases} \quad \text{ou} \quad \begin{cases} Z^2 = (Y^2 - 1)(Y^2 - k^2) \\ dY - Z\,dx = 0. \end{cases}$$

dans le cylindre $\Gamma \times C$ où Γ est défini par la première ligne de (3). (Remarquer que Γ est compact).

Malheureusement (3) ne définit pas encore dans $\Gamma \times \mathbb{C}$ un feuilletage transverse aux fibres Γ [les points $y = 0$, ou $Y = 0$ font exception]. Mais (3) peut encore être défini par la forme différentielle de degré deux:

$$\Omega = (dy - z\,dx) \wedge d\phi \qquad \text{où} \quad \phi(y,z) = (1 - y^2)(1 - k^2y^2).$$

$$= z(dy \wedge dz - z\,dx \wedge dz - y(2 - (1+k^2)y)dx \wedge dy)$$

$$= z\,\overline{\Omega}$$

où $\overline{\Omega}$ est une deux forme qui ne s'annule jamais sur Γ. Un calcul analogue peut être fait dans la carte (Y,Z). La forme $\overline{\Omega}$ définit cette fois-ci dans $\Gamma \times C$ une structure feuilletée transverse aux fibres Γ. Il en résulte que les solutions de (2) sont des fonctions méromorphes. Ceci constitue le théorème de base dans l'étude de (2).

3. Le problème de Briot et Bouquet.

Le résultat exposé en 2 admet également une certaine réciproque, déjà étudiée par Briot et Bouquet. Les auteurs étudient les équations de la forme:

(4) $f(y,y') = 0$

où f est un polynôme en y et y' et demandent à quelles conditions les solutions sont des fonctions méromorphes. On obtient ainsi, outre les équations réductibles à (2), un petit nombre d'équations intégrables algébriquement. (On peut, pour plus de détails se reporter au traité de INCE, p. 314).

4. Le problème de Fuchs.

Il s'agit ici d'étudier, avec l'optique précédente, l'équation

(5) $f(y,y',x) = 0.$

Ce problème a été complètement résolu par Painlevé.

5. Sur les fonctions abéliennes.

Le paragraphe #3, suggère une étude du type suivant. Comment choisir les polynômes f_1, f_2, f_3, f_4 pour que le système de Pfaff:

$$(6) \begin{cases} f_1(z,t,p,p_1,q,q_1) = f_2(\quad) = f_3(\quad) = f_4(\quad) = 0 \\[2mm] dz = p\ dx + q\ dy \\[2mm] dt = p_1\ dx + q,dy \end{cases}$$

soit complètement intégrable et n'admette que des solutions uniformes.

Ce point de vue a été développé par Painlevé et conduit à une étude féconde des fonctions abéliennes. Il semble - nous tromperions-nous? -que cette partie de l'oeuvre de Painlevé n'a pas eu d'écho.

Notons pour terminer que Painlevé a suggéré à plusieurs reprises l'étude des systèmes de Pfaff complètement intégrables dans le champ complexe. Pour cette seule raison Painlevé peut être considéré comme l'inventeur des structures feuilletées; nous avons vu qu'on peut encore donner d'autres raisons.

-III-

QUELQUES ASPECTS DE LA THÉORIE GÉNÉRALE
DE PAINLEVÉ DES ÉQUATIONS $y' = f(x,y)$

I. Introduction.

On considèrera essentiellement l'équation $y' = R(x,y)$ (1) où R est une fraction rationnelle en y, à coefficients holomorphes en x. Dans tout ce qui suit, on plongera $\mathbb{C}^2$ dans $P_1(\mathbb{C}) \times \mathbb{C}$ et lorsque l'on parlera de l'équation (1) il s'agira de $y' = R(x,y)$ ainsi que de l'équation obtenue en changeant y en $Y = \frac{1}{y}$, équation que l'on écrit $Y' = \tilde{R}(x,y)$. On pose $R(x,y) = \frac{P(x,y)}{Q(x,y)}$ et $\tilde{R}(x,y) = \frac{\tilde{P}(x,Y)}{\tilde{Q}(x,Y)}$ où P,Q (resp. $\tilde{P}, \tilde{Q}$) sont des polynômes en y (resp. Y) à coefficients holomorphes en x.

1) __Définitions__. On appelle singularités fixes de l'équation (1):

- soit i) : un point (x_o,y_o) tel que $P(x_o,y_o) = Q(x_o,y_o) = 0$ ou un point (x_o,Y_o) tel que $\tilde{P}(x_o,Y_o) = \tilde{Q}(x_o,Y_o) = 0$. Dans la suite, ces points seront supposés isolés.

- soit ii) : les points (α,y) tels que $Q(\alpha,y) \equiv 0$ (comme polynôme en y). Dans ce cas la fibre (pour la projection π de $P_1(\mathbb{C}) \times \mathbb{C}$ sur $\mathbb{C}$) au-dessus de α, privée éventuellement de quelques points, est une intégrale.

On appelle singularités mobiles:

iii) : les points à tangentes verticales, c'est-à-dire qui vérifient $Q(x,y) = 0$ (ou $\tilde{Q}(x,Y) = 0$) sans que les conditions précédentes soient vérifiées. Ils sont du type algébroïde.

II. Résultats de Painlevé concernant l'équation (1).

On enlève de $P_1(\mathbb{C}) \times \mathbb{C}$ toutes les fibres de π qui contiennent des points singuliers fixes (cas i) et ii)). Soit $\overset{\circ}{\mathbb{C}}$, la projection par π de l'ensemble obtenu, qui est égal à $\mathbb{C}$ auquel on a enlevé un ensemble discret de points. On a alors:

1) <u>Théorème de relèvement des chemins</u>. Tout chemin γ de $\overset{\circ}{\mathbb{C}}$ peut être relevé sur toute feuille solution du système (1).

<u>Indications</u>: Soient (x_o, y_o), $x_o \in \overset{\circ}{\mathbb{C}}$ $y_o \in P_1(\mathbb{C})$, un point qui n'est pas une singularité mobile, $x(t)$ $0 \leq t \leq 1$ un chemin γ de $\overset{\circ}{\mathbb{C}}$ d'origine $x(0) = x_o$ et F_o la feuille passant par (x_o, y_o). Il existe un relèvement et un seul sur F_o au voisinage de (x_o, y_o), le problème est de savoir si on peut le prolonger à tout γ. Différents cas peuvent se présenter:

- ou ce relèvement est possible et la propriété est démontrée.

- ou pour $t = t_1$ on atteint une singularité mobile. Mais dans ce cas puisqu'elle est du type algébroïde, on peut encore prolonger le chemin (mais plus de façon unique).

- ou pour $t = t_2$ on ne peut plus relever γ, cas qui ne se présente pas ici en raison de la compacité de la fibre.

2) <u>Corollaire</u>. Soit F une feuille solution, alors π/F est une surjection.

Conséquences: On ne peut avoir des fonctions lacunaires comme solutions.

3) Singularités fixes. Les points singuliers du type (i) où $P(x,y) = ax + by + \ldots$ $Q(x,y) = a'x + b'y + \ldots$ et $\begin{vmatrix} a & b \\ a' & b' \end{vmatrix} = 0$ sont des points singuliers élémentaires, qui donnent en général des singularités transcendantes non essentielles.

- Les points singuliers du type (ii) sont en général des singularités essentielles.

III. Extensions.

1) Travail de Gérard - Sec. Soient $V \xrightarrow{\pi} W$ une fibration analytique à fibre compacte et E un champ d'éléments plans holomorphe complètement intégrable tel que $\dim E = \dim W$ et tel qu'aucune fibre ne contienne une feuille de la structure feuilletée, alors le théorème du relèvement des chemins est encore vrai. (Voir par exemple: R. GÉRARD et A. SEC, Bull. Soc. Math. Fr. 100 (1972), 47-80).

2) Conséquences. On va appliquer ces résultats aux équations différentielles d'ordre supérieur [cf. Painlevé].

a) 2e ordre. Soit $y'' = R(x,y,y')$ (2) où $R(x,y,y')$ est une fraction rationnelle en y et y' à coefficients holomorphes en x.

On pose $y' = z$ et on plonge $\mathbb{C}^2 \underset{(y,z)}{\times} \mathbb{C}$ dans $P_1(\mathbb{C}) \times P_1(\mathbb{C}) \times \mathbb{C}$ de la façon définie dans les exposés précédents. Soit π la projection

22

de $(P_1(\mathbb{C}))^2 \times \mathbb{C}$ sur $\mathbb{C}$. On obtient à partir de (2) un champ de directions complètement intégrable défini par

$$\begin{cases} y' = z \\ z' = R(x,y,z) \end{cases}$$

Les singularités dans ce cas peuvent être:

a) Des singularités du type (i) (essentielles ou non)

b) Des singularités du type (ii) c'est-à-dire des feuilles contenues dans des fibres de π.

c) Des singularités du type (iii) correspondant à des points à tangentes verticales qui sont donc des points singuliers mobiles. Lorsque l'on enlève de $(P_1(\mathbb{C}))^2 \times \mathbb{C}$ les fibres contenant les singularités a) et b), on peut appliquer la propriété du relèvement des chemins indiqués ci-dessus et on obtient encore que π restreinte à une feuille est une surjection. Dans ce cas on n'a pas non plus de fonctions lacunaires.

b) <u>3e ordre</u>. La différence essentielle réside dans le fait que les points singuliers du type (ii) sont plus nombreux et lorsque l'on enlève les fibres contenant les singularités fixes, on enlève, en général, de $\mathbb{C}$ un sous-ensemble de dimension réelle 1, ce qui fait apparaître comme solutions des fonctions lacunaires, ce que l'on n'avait pas rencontré dans les ordres inférieurs.

IV. Conclusion.

L'exposé précédent nécessairement très sommaire (seule la lecture de Painlevé peut donner une idée de la richesse du sujet) - doit surtout nous introduire à l'étude proposée par Painlevé d'un système de Pfaff complètement intégrable dans le champ complexe. [Nous aborderons ici seulement le cas d'une équation de Pfaff $\omega = 0$ complètement intégrable]. Nous voulons surtout attirer, par la suite, l'attention sur les différences importantes entre les cas $n = 2$ et $n \geq 3$. Notons que la terminologie utilisée plus haut, singularités fixes, singularités mobiles, s'étend sans peine à la situation envisagée maintenant: à savoir le cas d'une équation de Pfaff complètement intégrable.

-IV-

POINTS SINGULIERS SIMPLES D'UNE FORME

DE PFAFF COMPLÈTEMENT INTÉGRABLE

I.   Problème.

Considérons l'équation de Pfaff, $\omega \equiv \sum\limits_{i=1}^{n} a_i(x)\,dx_i = 0$ (1) où

les a_i sont des fonctions holomorphes de $x = (x_1, x_2, \cdots, x_n) \in \mathbb{C}^n$.

On suppose de plus que l'équation (1) est complètement intégrable

i.e. $\omega \wedge d\omega \equiv 0$.

On se propose d'étudier l'équation (1) au voisinage d'un point

singulier que l'on supposera être l'origine. On a donc:

$a_1(0) = a_2(0) = \cdots = a_n(0) = 0$ et la forme ω admet un développe-

ment en série entière: $\omega = \omega_1 + \omega_2 + \cdots + \omega_p + \cdots$ où ω_p est

une forme dont les coefficients sont des polynômes homogènes de degré p.

En particulier $\omega_1 = \sum\limits_{\substack{1 \le i \le n \\ 1 \le j \le n}} a_{ij}\, x_j\, dx_i$ où $(a_{ij})_{\substack{1 \le i \le n \\ 1 \le j \le n}}$ est une matrice

constante. Nous allons montrer dans la suite qu'il y a une différence

essentielle entre les cas $n = 2$ et $n \ge 3$, différence que l'on peut

résumer ainsi: pour $n = 2$ les solutions de $\omega = 0$ peuvent avoir des

singularités transcendantes, pour $n \ge 3$, et sous certaines hypothèses

assez larges, les solutions de $\omega = 0$ ont des singularités algébriques.

Il est permis de penser que ce résultat va dans le sens des études

suggérées par Painlevé.

II.   Étude du problème.

1.   Rappels concernant le cas $n = 2$. On va considérer uniquement

$\omega_1 = 0$. Alors $d\omega_1$ est une forme à coefficients constants c'est-à-dire

que l'on a, lorsque l'on fait un changement de variables algébrique

convenable:

soit $\quad d\omega_1 = 0 \qquad$ soit $\quad d\omega_1 = \mu \cdot dx \wedge dy \qquad \mu \in \mathbb{C}$

Dans le premier cas $\omega_1 = d\phi$ où ϕ est une forme quadratique que l'on peut supposer être $x^2 + y^2$ ou x^2 (cas dégénéré), la matrice de la première forme étant: $\begin{pmatrix} 1 & 0 \\ 0 & 1 \end{pmatrix}$ (1).

Dans le second cas: soit $\omega = -\frac{1}{2}\mu(ydx-xdy)$ ce qui correspond à la matrice $\begin{pmatrix} 0 & -\mu \\ \mu & 0 \end{pmatrix}$ (2); soit $\omega_1 = \frac{\mu}{2}(ydx-xdy) + d\phi$ où ϕ est une forme quadratique ce qui correspond à la matrice $\begin{pmatrix} 1 & -\mu \\ \mu & 1 \end{pmatrix}$ (3)

ou $\begin{pmatrix} 1 & -\mu \\ \mu & 0 \end{pmatrix}$ (4).

Ceci classifie les différents cas pouvant se produire.

2. __Définition__. Un point singulier correspondant aux cas (1), (2), (3) ou (4) est dit simple.

3. __Étude des cas $n \geq 3$.__ Comme précédemment on va considérer d'abord, non pas $\omega = 0$ mais $\omega_1 = 0$. Comme $\omega \wedge d\omega \equiv 0$ entraîne $\omega_1 \wedge d\omega_1 \equiv 0$, ω_1 est complètement intégrable. De plus $d\omega_1$ est une forme constante. Donc deux cas peuvent se présenter:

soit i) $d\omega_1 = 0$ et ω_1 est alors la différentielle d'une forme quadratique que l'on peut considérer, quitte à faire un changement de variables algébrique, comme étant égale à:

$$\frac{1}{2} d(x_1^2 + x_2^2 + \cdots + x_p^2) \qquad 1 \leq p \leq n$$

soit ii) $d\omega_1 \neq 0$. Comme $[d\omega_1]^2 \equiv 0$, $d\omega_1$ est le produit de deux formes de Pfaff que l'on peut supposer être dx_1 et dx_2, c'est-à-dire $d\omega_1 = dx_1 \wedge dx_2$ et $\omega_1 = \frac{1}{2}(x_1 dx_2 - x_2 dx_1) + d\phi$ où ϕ est une forme quadratique en x_1 et x_2.

On fait l'hypothèse que le rang de (a_{ij}) est n. Alors seul le cas i) est possible avec $p = n$. Dans ce cas on dit que le point singulier est simple par analogie avec le cas correspondant pour $n = 2$. Remarquons qu'un tel point est isolé.

Il est bien évident que le cas où $d\omega_1 \neq 0$ mérite très certainement une étude approfondie, qui reste à faire à notre connaissance.

III. Étude des points singuliers simples.

On suppose donc que l'origine est un point singulier simple et la matrice (a_{ij}) inversible. Alors nous avons vu que

$$\omega_1 = \frac{1}{2} d(x_1^2 + x_2^2 + \cdots + x_n^2)$$

Considérons $\sum = \{(x_1, x_2, \ldots, x_n) \in \mathbb{R}^n \mid \sum_{i=1}^{n} x_i^2 = 1\} \subset \mathbb{R}^n \subset \mathbb{C}^n$ et le système de coordonnées sphériques suivant:

$$\psi : \sum \times \mathbb{C} \to \mathbb{C}^n$$
$$(a, \rho) \to \rho \cdot a \qquad \text{avec} \quad a = (a_1, a_2, \cdots, a_n) \in \sum$$

(sphère unité de $\mathbb{R}^n$)

Alors la transformée par ψ de la forme ω s'écrit:

$$\tilde{\alpha} = \psi^*(\omega) = \rho d\rho + \rho^2 \cdot \alpha_1 + \cdots + \rho^{p+1} \cdot \alpha_p + \cdots$$

où les α_i sont des formes sur $\Sigma \times \mathbb{C}$ dont les coefficients dépendent uniquement de a et où α_1 est de la forme $A(a)d\rho$. Plus précisément les coefficients de da_i sont des polynômes homogènes de degré p en les a_i et les coefficients de $d\rho$ des polynômes homogènes de degré $p + 2$ en les a_i. On a $\tilde{\alpha} = \rho.\alpha$ avec $\alpha = d\rho + \rho\alpha_1 + \cdots + \rho^p . \alpha_p + \cdots$ et $\tilde{\alpha} = 0 \iff \alpha = 0$ pour $\rho \neq 0$. Comme $\alpha \wedge d\alpha \equiv 0$, $\alpha = 0$ définit un feuilletage dans $\Sigma \times \mathbb{C}$, de codimension réelle deux et où $\Sigma \times \{0\}$ est une feuille. Puisque Σ est compacte simplement connexe $(n \geq 3)$ on est dans les hypothèses du théorème de stabilité qui s'énonce comme suit:

1) <u>Théorème de stabilité</u>. Soit V_n une variété supposée feuilletée et soit γ une feuille compacte simplement connexe, alors les feuilles voisines sont compactes et simplement connexes, de plus on peut trouver une intégrale première au voisinage de γ.

Nous allons reprendre la démonstration du théorème de stabilité dans ce cas particulier, en montrant que l'on peut construire une intégrale première au voisinage de $\Sigma \times \{0\}$ qui corresponde (par ψ) à une fonction holomorphe dans $\mathbb{C}^n$ au voisinage de 0.

Donnons une idée de la démonstration:

On considère $\alpha = 0$, c'est-à-dire $d\rho + \rho. \alpha_1 + \cdots + \rho^p.\alpha_p + \cdots = 0$ et on cherche une intégrale première de la forme:

$$f(\rho,a) = \rho . f_1 + \rho^2 . f_2 + \cdots + \rho^p . f_p + \cdots \quad \text{où les} \quad f_p$$

sont des polynômes homogènes de degré p en les a_i. Comme α est complètement intégrable, au voisinage de tout point (a_o,p) il existe une intégrale $\tilde{f}(a,\rho)$ telle que $\tilde{f}(a,\rho) = \rho + \rho^2.\tilde{f}_2 + \cdots + \rho^p.\tilde{f}_p + \cdots$ Ecrivons maintenant que f est une intégrale première c'est-à-dire $df \wedge \alpha = 0$ ce qui donne $df_1 = 0$ (ou $f_1 = 1$), $df_p \wedge d\rho = \pi$ où $\pi = \beta \wedge d\rho$, β étant linéaire par rapport à $f_1,f_2,\cdots,f_{p-1},df_1,\cdots,df_{p-1}$. Si $d\beta = 0$ alors $df_p = \pi$ admet une intégrale puisque nous sommes dans les conditions d'application du théorème de de Rahm.

Si l'on a supposé par récurrence que $f_k = \tilde{f}_k$ pour $k = 1,2,\cdots,p-1$ au voisinage de (a_o,ρ), on voit que $d\beta = \tilde{d\beta}$ et puisque $\tilde{f}$ est une intégrale au voisinage de (a_o,ρ), que $\tilde{d\beta} = 0$ ce qui entraîne $d\beta = 0$ (analycité de β). On montre enfin que l'on peut prendre pour f_p des polynômes et que la série est convergente partout.

Finalement on a trouvé une intégrale première $f(\rho,a_1,\cdots,a_n)$ telle que $f'_\rho \neq 0$ en tout point de Σ et si l'on revient, grâce à ψ, dans $\mathbb{C}^n$ on obtient une intégrale première holomorphe au voisinage de l'origine. Les points singuliers simples ne donnent donc pas lieu à des singularités transcendantes pour les solutions de $\omega = 0$.

IV. Conclusion.

Nous avons utilisé dans la démonstration du théorème de stabilité dans ce cas particulier, le théorème de de Rahm qui suppose uniquement la nullité du premier nombre de Betti de V_n. D'où:

1. Théorème analytique de stabilité. Soit V_n une variété
analytique compacte telle que $b_1(V_n) = 0$, supposons qu'il existe un
feuilletage de co-dimension 1, analytique dans V_n x $\mathbb{R}$ tel que
V_n x {0} soit une feuille particulière, alors les feuilles voisines
sont compactes, et de plus on peut trouver une intégrale première
analytique au voisinage de V_n x {0}.

2. Question ouverte. Cette propriété (théorème analytique de
stabilité) est-elle vraie pour un feuilletage C^∞? Contre exemple?

Notons encore que le théorème analytique de stabilité reste
valable en co-dimension quelconque pourvu que l'on fasse l'hypothèse
supplémentaire suivante: l'holonomie à l'ordre un de V_n x {0} est
nulle.

Pour les questions traitées dans le présent exposé, on peut se
reporter à la thèse de l'auteur: Wu Wen Tsun et G. Reeb, sur quelques
propriétés topologiques des espaces fibrés et des variétés feuilletées.
Paris (1950).

-V-

REMARQUES SUR CERTAINES STRUCTURES FEUILLETÉES

TRANSVERSÉES A $\mathbb{R} \times \mathbb{R}$, $\mathbb{R}^2 \times \mathbb{R}$.

(Résultats de Haefliger, Hector, Madame Sec, Pluvinage et Fedida)

I. Une construction utile (mais peu utilisée) relative aux structures feuilletées de co-dimension 1.

Les données et structures envisagées ici seront de classe C_∞. Soit donc **une** structure feuilletée Δ, transversalement orientable, de co-dimension un, définie sur une variété V; pour fixer les idées on pourra supposer que Δ est définie par une équation de Pfaff complètement intégrable $\omega = 0$. Soit enfin X un champ de vecteurs transverse à Δ; on peut donc supposer $< X, \omega > = 1$.

A la donnée d'une application ϕ d'une variété W dans V, on peut associer d'une manière naturelle (et unique) un "prolongement"

$$\Phi : W \times \mathbb{R} \to V \,, \quad \phi: (x,t) \to \phi(x,t)$$

vérifiant les deux conditions suivantes:

(i) La restriction de Φ à $W \times \{0\}$ est ϕ.

(ii) $\Phi(x,t)$ vérifie l'équation différentielle $\frac{d}{dt} \Phi(x,t) = X(\Phi(x,t))$ [avec la réserve habituelle, que si V n'est pas compacte, l'application Φ ne sera définie que dans un voisinage de $W \times \{0\}$]. Posons $\omega^* = \Phi^*(\omega)$.

Propriété. L'équation de Pfaff $\omega^* = 0$ définit dans $W \times \mathbb{R}$ un feuilletage de co-dimension 1 transverse aux fibres $\{x\} \times \mathbb{R}$ de $W \times \mathbb{R}$. En particulier si $W = \mathbb{R}^2$, nous obtenons dans $\mathbb{R}^2 \times \mathbb{R} = \mathbb{R}^3$ un feuilletage transverse aux verticales. Ce sont ces structures feuilletées que nous nous proposons d'étudier ici.

Lorsque le feuilletage Δ de W admet une transversale fermée, $c : \Gamma \to W$, homotope à zéro, il est possible de trouver une application $\phi : \mathbb{R}^2 \to W$ telle que la restriction de ϕ, au "cercle trigonométrique" Γ de $\mathbb{R}^2$ soit justement la transversale c. La construction précédente nous donne alors un feuilletage F dans $\mathbb{R}^2 \times \mathbb{R}$, transverse aux verticales; nous dirons que c'est le feuilletage associé à la transversale fermée.

II. Feuilletages transverses aux verticales de $\mathbb{R}^2 \times \mathbb{R}$ et un théorème de Haefliger.

Un théorème bien connu de Haefliger implique la

Proposition 1. Si F est un feuilletage de co-dimension un, analytique [resp. sans holonomie] de $\mathbb{R}^2 \times \mathbb{R}$, transverse aux verticales, les feuilles de F sont uniformes, (i.e. toute intersection d'une feuille et d'une verticale comporte au plus un point). Il est bien connu d'autre part qu'il existe des feuilletages transverses aux verticales de $\mathbb{R}^2 \times \mathbb{R}$ de classe C_∞ possédant des feuilles non uniformes.

D'autre part l'uniformité des feuilles de F, implique: l'espace quotient de F (i.e. l'espace des feuilles) est muni d'une structure de variété à une dimension (éventuellement non séparée) simplement connexe. Cette dernière remarque implique: l'uniformité des feuilles de F est

incompatible avec l'existence d'une transversale fermée à F. Il en résulte que la proposition 1 est en fait équivalente au théorème de Haefliger.

III. Diverses questions concernant les structures feuilletées F transverses à $\mathbb{R}^2 \times \mathbb{R}$.

i) Etudier l'espace des feuilles de F, lorsque celles-ci sont toutes uniformes [nous reviendrons sur ces questions plus tard].

ii) Est-il possible qu'aucune feuille de F ne soit uniforme. [Hector a répondu affirmativement à cette question, par la construction d'un exemple, vers 1967]. Est-il possible qu'aucune feuille ne soit fermée, mais que toutes les feuilles soient propres?

iii) Est-il possible qu'une feuille de F soit partout dense. Question posée il y a deux ans par B. Roynette. Cette question est directement à l'origine des "exemples de Hector" dont il sera question ci-dessous.

iv) Certaines feuilles de F peuvent-elles être exceptionnelles?

v) Toutes les feuilles de F peuvent-elles être partout denses? ..., le lecteur pourra allonger, à loisir, cette liste de questions. Hector, par des constructions d'exemples passionnants à répondu affirmativement aux questions ii)... v), et à beaucoup d'autres. Nous allons essayer de donner une idée de ces constructions.

IV. Les exemples d'Hector.

1. Groupe de trombes sur $\mathbb{R}$. Nous appelons trombe sur $\mathbb{R}$, un difféomorphisme ϕ de $\mathbb{R}$ dont la restriction à un intervalle ouvert I_ϕ , non vide, de $\mathbb{R}$ soit l'identité.

Exemple: soit ϕ une fonction de classe C^∞ telle que

$$\phi(x) = \begin{cases} \theta & \text{pour} \quad x \le 0 \\ 1 & \text{pour} \quad x \ge 2 \end{cases}$$

$\phi'(x) < 1$ en tout point

Les difféomorphismes

$$f(x) = \quad x - \phi(x)$$

$$g(x) = \quad x - \alpha\phi(x) \qquad \alpha \in \mathbb{R}^+ - \mathbb{Q} \qquad \text{sont des trombes.}$$

Nous appellerons groupe de trombe un groupe de difféomorphismes de $\mathbb{R}$ engendré par un système (en général fini) de trombes.

Il est dès lors facile de construire des groupes de trombe dont les trajectoires dans $\mathbb{R}$ ont les propriétés désirées. Par exemple, on construira un groupe de trombes dont toutes les trajectoires sont partout denses en considérant le système

$$\{f, g, \overline{f}, \overline{g}\}$$

avec $\overline{f}(x) = f(x) + 1$ et $\overline{g}(x) = g(x) + \alpha$.

2. Feuilletage élémentaire associé à une trombe ϕ. On construit facilement pour une trombe donnée ϕ un feuilletage F_q de

$\mathbb{R}^2 \times \mathbb{R}$ transverse aux verticales, telle que pour une verticale convenable $\{x,y\} \times \mathbb{R}$ les points de cotes z et $\phi(z)$ appartiennent,
pour tout z à la même feuille γ_z de F; en fait on considèrera
plutôt F_q défini dans $Q \times \mathbb{R}$ où Q est un "carré" de $\mathbb{R}^2$.

3. <u>Les exemples</u>: On peut grouper les feuilletages $F_{\phi_1} \cdots F_{\phi_p}$
associé à une famille de trombes $\phi_1 \cdots \phi_p$, de manière à obtenir un
feuilletage F_G de $\mathbb{R}^2 \times \mathbb{R}$, transverse aux verticales, "associé " au
groupe de trombes G, engendré par $\phi_1 \cdots \phi_p$. On peut donc obtenir
ainsi un feuilletage dont toutes les feuilles sont partout denses.

V. <u>Remarques diverses</u>.

L'étude des groupes de difféomorphismes [à génération finie]
est loin d'être épuisée; nous en voulons pour preuve - en plus des
indications qui précèdent - le résultat suivant, dû également à
Hector: un tel groupe de difféomorphismes, à génération finie admet
toujours une trajectoire minimale.

-VI-

CLASSE D'UNE FORME DE PFAFF. STABILITÉ.

(Résultats de Lutz)

I. Définitions.

La notion de classe d'une forme de Pfaff est certainement aussi ancienne que la notion de forme de Pfaff elle-même. Elle est en particulier étudiée et utilisée de manière systématique par E. Cartan. Il s'agit d'une notion locale. Nous considérerons toujours des formes de Pfaff ω sans singularités (i.e. $\omega \neq 0$ en tout point de l'ensemble de définition Ω de ω. Cet ensemble Ω sera toujours une variété à n dimensions).

Définition 1. Soit ω une forme de Pfaff dans Ω et soit x un point (fixe) de Ω. On dira que la forme ω est de classe

- un en x si $[d\omega]_x = 0$, $[\omega \wedge d\omega]_x = 0$, $[d\omega]_x^2 = 0, \ldots, [\omega]_x \wedge [d\omega_x]^p = 0, \ldots$

- deux en x si $[d\omega]_x \neq 0$ et $[\omega \wedge d\omega]_x = 0$, $[d\omega]_x^2 = 0, \ldots, [\omega]_x \wedge [d\omega_x]^p = 0, \ldots$

- trois en x si $[\omega]_x \wedge [d\omega]_x \neq 0$ et $[d\omega]_x^2 = 0, [\omega]_x \wedge [d\omega]_x^2 = 0, \ldots$

- quatre en x si $[d\omega]_x^2 \neq 0$ et $[\omega \wedge [d\omega]^2]_x = 0, \ldots$

$\ldots$

La classe en x n'est évidemment pas supérieure à la dimension n de Ω.

Définition 2. On dira que la forme ω est (exactement) de classe p dans Ω si la classe de ω est égale à p en tout point x de Ω.

Il est clair que la classe d'une forme en un point est parfaitement définie, alors qu'il n'est pas légitime de parler de la classe de ω dans Ω. Pour cette raison la définition suivante est utile:

Définition 3. On appelle classe maximale de ω dans Ω (et on

écrira clm(ω,Ω) ou clm(ω)) le maximum de la classe de ω en x lors-

que x décrit Ω.

Pour le calcul de la classe maximale il est bon de noter les

implications:

$$\omega \wedge d\omega \equiv 0 \ => \ d\omega \wedge d\omega \equiv 0, \quad \omega \wedge [d\omega]^p \equiv 0 \ => \ [d\omega]^{p+1} \equiv 0.$$

(par contre $[\omega \wedge d\omega]_x = 0$ pour x fixe, n'implique pas $[d\omega]_x^2 = 0$).

On a les équivalences suivantes: (noter qu'on suppose $\omega \not\equiv 0$ en tout

point)

clm ω = 1 <=>   est une forme fermée.

clm ω = 2 <=> l'équation $\omega = 0$ est complètement intégrable et

non fermée. Pour cette raison la structure définie par un triplet (ω,Ω,p) où

p $\geq$ clm ω mérite considération. Une structure ($\omega,\Omega,2$) est exacte-

ment - à des questions d'orientabilité transverse près - une structure

feuilletée de co-dimension un. Une structure (ω,Ω,p) peut donc être

considérée comme une généralisation de la notion de structure feuille-

tée de co-dimension un. (Le degré de généralisation augmente avec

l'index p).

L'égalité $(f\omega) \wedge [d(f\omega)]^p = 0$ entraîne $\omega \wedge [d\omega]^p = 0$ (on

suppose $f(x) \not\equiv 0$ pour tout x). Donc si p est pair (ω,Ω,p)

définit aussi une structure ($f\omega,\Omega,p$).

II. Propriétés de stabilité de la classe maximale.

Lorsqu'on s'intéresse à la topologie C_1 (ou C_r r $\geq$ 1) dans

l'espace des formes, de classe C_∞, sur Ω il est tout à fait clair que dans un voisinage V d'une forme ω on a:

$$\text{clm } \omega' \geq \text{clm } \omega \qquad \text{pour} \quad \omega' \in V.$$

Cette semi-continuité de clm exprime une propriété de stabilité: si ω ne définit pas une (ω,Ω,p) structure, il en est de même pour les formes C_1 voisines de ω. Il est dès lors naturel de voir si cette propriété de stabilité est également vérifiée dans la C_o-topologie. Il en est bien ainsi lorsque $p = 1$ ou 2.

Lutz et Varela ont mis en évidence le résultat curieux suivant: pour $p \geq 3$, la propriété de stabilité n'est plus vérifiée. L'exemple suivant permet de comprendre ce phénomène: Considérons la forme à quatre variables (x,y,z,t):

$$\omega'= \underbrace{x \text{ dy} + z \text{ dt}}_{\omega} + \underbrace{a \text{ dz} + b \text{ dt}}_{\alpha}$$

où ω est donc de classe 4, et où a, b sont des fonctions des variables x et y seules. Le terme α est le terme "pertubateur". L'égalité

(1) $$da \wedge db = dx \wedge dy$$

entraîne: $\text{clm } \omega' < 4$. Or l'égalité (1) peut-être satisfaite pour un choix de fonctions a et b, C^o- petites.

III. <u>Il existe sur</u> S_{2p+1} <u>une forme analytique de classe maximale 3.</u>

La preuve peut être donnée en quelques lignes (Lutz C.R. 1967, <u>264</u>, 1137-1138):

41

La matrice carrée réelle d'ordre 2p+2

$$
A = \begin{bmatrix}
0 & \alpha_1 & \alpha_2 & \ldots & \alpha_{2p+1} \\
1 & 0 & 0 & & 0 \\
1 & 0 & a_2 & 0..0 & \\
1 & 0 & 0 & a_3.. & \\
\vdots & \vdots & \vdots & \vdots & \vdots \\
1 & 0 & 0 & \ldots\ldots & a_{2p+1}
\end{bmatrix} = (a_{ij})
$$

où $\Sigma a_i = 0$, $\alpha_1 a_2 \ldots a_{2p+1} < 0$ et

$\alpha_i a_i (a_i - a_2) \ldots (a_i - a_{i-1})(a_i - a_{i+1}) \ldots (a_i - a_{2p+1}) = a_i^{2p+2} - \alpha_1 a_2 \ldots a_{2p+1}$,

n'a pas de valeurs propres réelles (son équation caractéristique est:
$\lambda^{2p+2} - \alpha_1 a_2 \ldots a_{2p+1} = 0$. La partie anti-symétrique de A est d'autre part de rang 2). Ces propriétés impliquent: la forme $\omega = \Sigma a_{ij} x_i dx_j$ associée à la matrice A, induit dans la sphère S_{2p+1} une forme de classe maximale 3. Compte tenu du théorème de Haefliger, énoncé plus haut, on constate qu'on vient de réaliser la situation optimale: il est impossible de trouver sur S_{2p+1} une forme analytique de classe maximale 2; mais la classe maximale 3 est réalisable.

A partir de l'exemple de Lutz il est facile de construire sur S_{2p+1} des formes analytiques de classes maximales respectivement égales à 3,4,...2p+1

Parmi diverses questions ouvertes, la suivante nous parait particulièrement intéressante:

Existe-t-il une variété V telle que pour toute forme ω (sans singularités) on ait clm $\omega \geq 4$? (la question peut être formulée pour ω de classe C_∞ ou analytique). [VARELA et LUTZ ont, entre-temps, répondu par la négative à cette question].

-VII-

L_p- STRUCTURES ET INVARIANT DE GODBILLON - VEY

I. Définitions.

Reprenons les notions et notations du paragraphe précédent.

Plus précisément soit V_n une variété de classe C^∞ (ou éventuellement analytique réelle) alors:

1) **Définition.** On appelle L_p-forme, une forme de Pfaff ω, sur V_n, telle que $\quad \omega_x \neq 0 \quad \forall x \in V_n$

$$\omega \wedge [d\omega]^{p-1} \neq 0 \quad \text{avec} \quad \omega \wedge [d\omega]^{p+1} \equiv 0$$

Considérons la relation d'équivalence R définie dans les L_p-formes par:

$$\omega R \omega' \underset{\text{déf}}{\Longleftrightarrow} \exists \lambda : V_n \to \mathbb{R} \text{ telle que } \lambda(x) \neq 0 \quad \forall x \in V_n$$

$$\omega' = \lambda(x) . \omega$$

2) **Définition.** On appelle L_p-structure la donnée d'un couple $(V_n, \hat{\omega})$ où V_n est une variété de classe C^∞ (ou éventuellement analytique réelle) et $\hat{\omega}$ une classe de L_p-formes pour la relation d'équivalence définie ci-dessus.

3) **Remarques.** - Dans la suite, nous noterons simplement (V_n, ω) la L_p-structure, étant entendu que les propriétés énoncées pour ω seront vraies pour toutes les L_p-formes équivalentes.

- Une L_o - structure est une structure feuilletée de co-dimension un transversalement orientable.

45

- On appelle L_p-structure régulière, une L_p-structure (V_n, ω) telle que $\omega \wedge [d\omega]^p \neq 0$ en tout point x de V_n. Une L_p-structure régulière définit alors une structure feuilletée de co-dimension $2p+1$.

- Toute sphère de dimension impaire, admet une L_1-structure analytique (résultats de Lutz énoncés dans l'exposé précédent).

II. Invariant de Godbillon - Vey.

Nous allons rappeler rapidement comment est défini l'invariant de Godbillon - Vey à partir des formes de Pfaff définissant une structure feuilletée de co-dimension un et voir comment il se généralise aux L_p-structures.

1) Invariant de Godbillon - Vey. Soit $\omega = 0$ une forme de Pfaff définissant une structure feuilletée de co-dimension un et X un champ de vecteurs transverse au feuilletage, que l'on peut supposer vérifier:

$$< X, \omega > = 1.$$

Si $\theta(X).\omega = \omega_1$ (dérivée de Lie de X) on a: $d\omega = \omega_1 \wedge \omega$ et $\omega_1 \wedge d\omega_1 = \Omega$ est une forme fermée. L'invariant de Godbillon - Vey est alors la classe de cohomologie $[\Omega] \in H^3(V_n, \mathbb{R})$ qui ne dépend que du feuilletage.

Plus généralement pour une structure feuilletée de co-dimension p $(p \geq 1)$ (transversalement orientable) définie par une p-forme ω complètement décomposable, on montre qu'il existe ω_1 telle que

$d\omega = \omega_1 \wedge \omega$ et que $\omega_1 \wedge [d\omega_1]^p = \Omega$ est une forme fermée. L'invariant de Godbillon - Vey est alors la classe de cohomologie de Ω : $[\Omega] \in H^{2p+1}(V_n,\mathbb{R})$ qui ne dépend que du feuilletage.

2) <u>Généralisation aux</u> L_p<u>-structures</u>. Soit donc une L_p-structure sur V_n définie par la forme ω. On désigne par U_k $k = 1,2,\ldots,p$ l'ensemble ouvert constitué par les points au voisinage desquels $\omega \wedge [d\omega]^k \neq 0$ et $\omega \wedge [d\omega]^{k+1} = 0$.

U_p est non vide d'après la définition des L_p-structure, et la réunion des U_k est partout dense dans V_n. Soit X un champ de vecteurs C^∞ tel que

$$< X,\omega > = 1$$

Comme $\omega \wedge [d\omega]^{p+1} \neq 0$ on a: $i(X)(\omega \wedge [d\omega]^{p+1}) = 0$ or

$$i(X)(\omega \wedge [d\omega]^{p+1}) = [d\omega]^{p+1} - (\omega \wedge [d\omega]^p) \wedge [(p+1)\ i(X)d\omega\ ]$$

Soit : $[d\omega]^{p+1} = (\omega \wedge [d\omega]^p) \wedge \lambda$ avec $\lambda = (p+1)\ \theta(X).\omega$.

Notons que dans U_k on a: $[d\omega]^{k+1} = \dfrac{k+1}{p+1}\ (\omega \wedge [d\omega]^k) \wedge \lambda$ (1)

- En un point de U_k, par différentiation de (1) on obtient: $\omega \wedge [d\omega]^k \wedge d\lambda \equiv 0$. Comme $\omega \wedge [d\omega]^k$ est non nulle, complètement décomposable (et complètement intégrable) il en résulte que $d\lambda$ est de rang $2(2k+1)$ au plus et donc que $[d\lambda]^{2k+2} = 0$ sur U_k. Par conséquent $\Omega = \lambda \wedge d\lambda^{2p+1}$ est une forme fermée sur V_n. On montre ensuite que la classe de cohomologie de $[\Omega] \in H^{4p+3}(V_n,\mathbb{R})$ ne dépend que de la L_p-structure considérée. Cette classe est l'invariant de Godbillon - Vey des L_p-structures.

3) <u>Remarques</u>. Lorsque la L_p-structure est régulière, elle définit une structure feuilletée de co-dimension $2p+1$, et l'invariant de Godbillon - Vey de la L_p-structure et du feuilletage coïncident.

-VIII-

SUR UN THÉORÈME DE STRUCTURE

DES FEUILLETAGES DE CO-DIMENSION UN

par M. Hector

Sur une variété compacte M de dimension n, on considère un feuilletage F de co-dimension 1, tangent au bord de M, transversalement orienté par un champ de vecteurs N. On note également N le feuilletage orienté défini par le champ N.

Dans cette situation très générale, on se propose de décrire un ouvert dense de M, qui est saturé pour la relation d'équivalence ρ identifiant les points d'une feuille de F. De façon plus précise, on définit deux familles d'ouverts saturés:

1) les ouverts incompressibles (cf définition 3);

2) les ouverts dans lesquels F possède la propriété du relèvement des chemins (cf définition 2);

et on montre que la réunion de ces deux familles d'ouverts est un ouvert dense de M.

Pour commencer, on étudie de façon systématique une propriété classique des feuilletages de co-dimension 1: "le relèvement des chemins".

§ 1. <u>Le relèvement des chemins.</u>

Pour tout $x \in M^n$, on note F_x [resp. N_x] la feuille de F [resp. N] passant par x.

<u>Définition 1.</u>

a) On appelle <u>projecteur</u> une application continue $P: [0,1]^2 \to M$ telle que $P(x,t) \in F_{P(t,0)} \cap N_{P(0,x)}$ pour tout $(x,t) \in [0,1]^2$.

b) La restriction $\bar{Q}$ de P à $[0,1]^* = [0,1]^2 - \{(1,1)\}$ est appelé un quasi-projecteur.

c) La restriction de P [resp. Q] à $[0,1] \times \{0\}$ est **la base** de P [resp. Q]. De même la restriction de P [resp. Q] à $\{0\} \times [0,1]$ en est la génératrice.

Remarquons qu'il existe en général des quasi-projecteurs qui ne sont pas les restriction à $[0,1]^*$ de projecteurs.

Si Q est un quasi-projecteur, il est relativement facile de montrer que les trois propriétés ci-dessous sont équivalentes:

i) Q est la restriction d'un projecteur P;

ii) Q est une application uniformément continue de $[0,1]^*$ dans M munie d'une métrique Riemanienne quelconque;

iii) la restriction Q_1 de Q à $\{1\} \times [0,1[$ est uniformément continue.

En outre si U est un ouvert saturé de M, on montre qu'on a également équivalence entre les deux propriétés suivantes:

i') tout quasi-projecteur Q dans U est la restriction d'un projecteur P;

ii') pour tout couple (σ, τ) de chemins dans U tels que

$$\sigma(0) = \tau(0);$$

$$\sigma([0,1]) \subset F_{\sigma(0)} \text{ et } \tau([0,1]) \subset N_{\tau(0)}$$

il existe un projecteur de base σ et génératrice τ.

Définition 2. Si U est un ouvert saturé vérifiant l'une de ces deux conditions, on dit que F possède la propriété du relèvement des chemins dans U.

Soit $\mathcal{U}$ l'ensemble des ouverts saturés U de M tels que F possède la propriété du relèvement des chemins dans U.

Proposition 1. Si $\mathcal{U}$ n'est pas vide, $\mathcal{U}$ possède un élément maximal U_o.

L'ouvert U_o est simplement la réunion de tous les éléments de $\mathcal{U}$.

Remarquons enfin que si U est un ouvert feuilleté en produit i.e. si deux feuilles quelconques des restrictions de F et N à U ont exactement un point commun, F possède la propriété du relèvement des chemins dans U.

Réciproquement on a le

Lemme fondamental. Soit J un intervalle ouvert d'une feuille N de N tel que J n'est pas homéomorphe à S^1 et tel que la restriction ρ_J de ρ à J est triviale. Alors le saturé $S(J)$ de J par ρ est un ouvert feuilleté en produit.

52

§ 2. Ouverts Incompressibles.

Soit $\theta: [0,1] \to M$ une transversale fermée à F. Le saturé $S(\theta)$ est un ouvert de M. On note T l'ensemble des ouverts saturés de transversale fermée, ordonné par inclusion.

Définition 3. Un élément minimal de T est appelé ouvert incompressible.

A priori, un feuilletage F ne possède pas nécessairement d'ouvert incompressible. Grâce au lemme fondamental, on établit facilement le théorème de classification suivant:

Théorème 1. Un ouvert V, saturé d'une transversale fermée θ est incompressible si et seulement si on a une des trois conditions ci-dessous:

i) la restriction F_V de F à V est une fibration sur S^1;

ii) toutes les feuilles de F_V sont denses dans V;

iii) le feuilletage F_V possède un minimal exceptionel C_V et toute composante connexe W de $V - C_V$ est un ouvert feuilleté en produit.

Un ouvert incompressible est dit de type i), ii) ou iii) si la condition correspondante est satisfaite.

On sait construire (cf l'exemple exceptionnel de Denjoy) des feuilletages de classe C^1 du tore T^2 tels que T^2 soit un ouvert

incompressible de type (i), (ii) ou (iii). Par contre on sait, toujours d'après Denjoy que T^2 ne peut être ouvert incompressible de type (iii) en classe C^2. Il est alors naturel de se poser la question de l'existence d'ouverts incompressibles de type (iii) en fonction de la classe de différentiabilité.

On peut construire des ouverts incompressibles de type (iii) en classe C^∞ et en outre le théorème de Denjoy se généralise par le

Théorème 2. Il n'existe pas d'ouvert incompressible de type (iii), analytique.

§ 3. Théorème de structure.

Le résultat essentiel annoncé dans l'introduction est donné par le

Théorème de structure. La réunion de U_o et des ouverts incompressibles est un ouvert saturé dense de M.

Nous nous contenterons de donner une idée de la démonstration de ce théorème. Soit $\{\Omega_1, \ldots, \Omega_p\}$ un recouvrement fini de M par des ouverts distingués à la fois pour les feuilletages F et N.

Une transversale fermée $\theta: [0,1] \to M$ à F est dite peu perturbée s'il existe $i \in \{1, \ldots, p\}$ tel que

i) l'image de la restriction de θ à $[0, \frac{1}{2}]$ est contenue dans $N_{\theta(0)}$;

54

ii) l'image de la restriction de θ à $[\frac{1}{2},1]$ est contenue dans Ω_i.

Le théorème de structure est alors une conséquence des deux lemmes ci-dessous:

<u>Lemme 1</u>. Tout ouvert saturé X qui n'est pas feuilleté en produit et qui n'est pas contenu dans U_o, contient une transversale fermée peu perturbée.

Ceci découle du fait que X contient un quasi-projecteur non prolongeable.

<u>Lemme 2</u>. Une suite décroissante d'ouverts saturés de transversales fermées peu perturbées est minorée dans τ.

REFERENCES

[1] A. DENJOY - Sur les courbes définies par les équations différentielles à la surface du tore. J. de Math., 9(11), 1932, p. 333-375.

[2] G. HECTOR - Ouverts Incompressibles et théorème de Denjoy-Poincaré pour les feuilletages. C.R. Acad. Sc. Paris, 274, 1972, p. 159-162.

[3] G. HECTOR - Ouverts Incompressibles et structure des feuilletages de codimension 1. C.R. Acad. Sc. Paris, 274, 1972, p. 741-744.

[4] G. HECTOR - Sur un théorème de structure des feuilletages de codimension 1. Thèse, Strasbourg 1972.

[5] R. SACKSTEDER - Foliations and Pseudo-groups. Amer. J. of Math., 87, 1965, p. 79-102.

-IX-

PROBLÈME DE LA STABILITÉ STRUCTURELLE DANS LE CAS
DES CHAMPS DE VECTEURS HOLOMORPHES SUR LES VARIÉTÉS
OBTENUES À PARTIR DE $p_1(C) \times p_1(C)$ PAR ÉCLATEMENTS
SUCCESSIFS

par B. Klarès

I. Problème de la stabilité structurelle.

Soit M une variété analytique complexe, compacte, de dimension m, et $V(M)$ l'espace vectoriel (de dimension finie) des champs de vecteurs holomorphes sur M, muni d'une norme en faisant un espace de Banach.

1. Définitions.

- Deux champs V et V' de $V(M)$ sont dits topologiquement équivalents s'il existe un homéomorphisme de M dans elle-même qui transforme les trajectoires de V en celles de V'.

- V $\in$ $V(M)$ est dit structurellement stable, s'il existe un ouvert $U(V)$ contenant V tel que tout V' de $U(V)$ soit topologiquement équivalent à V.

2. Problème.

L'ensemble des champs de vecteurs holomorphes structurellement stable est-il dense ou non dans $V(M)$?

Nous allons répondre à ce problème dans le cas des surfaces rationnelles obtenues à partir de $P_1(\mathbb{C}) \times P_1(\mathbb{C})$ (ou $P_2(\mathbb{C})$) par éclatements successifs.

II. Recherche des champs de vecteurs holomorphes sur les surfaces considérées.

On peut résumer cette recherche par la proposition suivante:

1. <u>Proposition</u>. Soit M une variété obtenue à partir de $P_1(C) \times P_1(C)$ par éclatements successifs alors:

Il existe une carte et des coordonnées locales (x,y) dans cette carte, ainsi qu'un ouvert $O(M)$ partout dense dans $V(M)$ tels que:

Tout V de $O(M)$ soit analytiquement équivalent à un W de $V(M)$ qui s'écrit dans la carte considérée:

$$W = P(x,y) \frac{\partial}{\partial x} + Q(x,y) \frac{\partial}{\partial y} \qquad \text{avec}$$

soit
(1) $\begin{cases} P(xy) = ax \\ Q(x,y) = by \end{cases}$
(2) $\begin{cases} P(x,y) = ax^2 \\ Q(x,y) = by^2 \end{cases}$
(3) $\begin{cases} P(x,y) = 0 \\ Q(x,y) = 0 \end{cases}$ $\quad (a,b) \in \mathbb{C}^2$

(V et W sont analytiquement équivalents <=> il existe un automorphisme analytique de M qui transforme V en W).

III. <u>Résolution du problème.</u>

Pour toutes les variétés M considérées on peut trouver un ouvert $O'(M)$ partout dense de $V(M)$, tel que tout champ de vecteurs de $O'(M)$ soit structurellement stable.

Toutes les constructions exigées peuvent se faire explicitement en choisissant un "bon" paramètrage des trajectoires des champs considérés et l'on a:

<u>Théorème</u>. Sur les variétés obtenues par éclatements successifs de $P_1(\mathbb{C}) \times P_1(\mathbb{C})$ (ou $P_2(\mathbb{C})$) l'ensemble des champs de vecteurs holomorphes structurellement stables est partout dense dans l'ensemble des champs de vecteurs holomorphes. Ce résultat généralise le travail fait par J. Guckenheimer pour $P_2(\mathbb{C})$.

-X-

NON—EXISTENCE D'UN TYPE DE FEUILLETAGE SUR S^7

par José Masa

Considérons la fibration de Hopf $S^7 \to S^4$. Nous allons démontrer:

Théorème. Il n'existe pas de feuilletage sur S^7 dont la restriction à chaque fibre S^3 donne le feuilletage de Reeb.

Pour faire cela nous considérons une suite spectrale d'un faisceau différentiel P associé au feuilletage.

Soit M une variété différentiable C^∞, connexe, paracompacte à $n = p + q$ dimensions, F un feuilletage de codimension p. Nous allons définir un sous-faisceau P du faisceau Ω des germes des formes différentielles extérieures sur M: soit J le sous-faisceau idéal homogène de Ω des formes différentielles nulles sur les feuilles de F, $P^O = H^O(\Omega/J)$. $P = \sum_{a=0}^{p} P^a$ est le sous-faisceau de Ω engendré par les germes de fonctions de P^O et leurs différentielles. Sur un ouvert distingué V, $P|V$ peut s'identifier au faisceau des formes différentielles de la "variété des feuilles". On en déduit que la suite

$$0 \to \underline{\mathbb{R}}_M \to P^O \xrightarrow{\ \ d\ \ } P' \to \cdots \to P^p \to 0$$

est exacte, c.a.d., le faisceau différentiel (P,d) est une résolution du faisceau constant $\underline{\mathbb{R}}_M$ sur M. On a donc une suite spectrale

$$(*) \qquad E_2^{a,u} = H^a(H^u(M,P*)) \Rightarrow H^{a+u}(M,\mathbb{R})$$

Les termes et les différentielles de la suite spectrale sont des invariants du feuilletage.

Proposition 1. La suite spectrale est stationnaire à partir du terme E_3. En plus, s'il existe un feuilletage complémentaire (c.a.d.

tel que le fibré tangent de M soit la somme de Whitney des deux dis-
tributions), elle est stationnaire à partir du terme E_2.

Pour sa démonstration, on munit la variété d'une métrique
riemannienne qui définit une structure presque-produit sur M et,
en conséquence, une bigraduation de Ω, $\Omega = \sum_{\substack{0 \le a \le p \\ 0 \le u \le q}} \Omega^{a,u}$.

La différentielle extérieure se décompose en $d = \alpha + \beta + \gamma$ où
α, β et γ sont des opérateurs homogènes de bidegrés $(0.1), (1,0)$ et
$(2,-1)$ respectivement.

Lemme 1. La suite
$$\Omega^{a,0} \xrightarrow{\quad\alpha\quad} \Omega^{a,1} \to \cdots \xrightarrow{\quad\alpha\quad} \Omega^{a,q} \to 0$$
est une résolution flasque de P^a.

Du lemme on déduit une (*) est la suite spectrale associée à la
filtration de $\Omega^*(M)$: $F_a\Omega^i(M) = \sum_{\substack{b \ge a \\ b+u=i}} \Omega^{b,u}(M)$

Pour cette suite spectrale les différentielles d_1 et d_2 sont indui-
tes par β et γ respectivement et $d_\gamma = u$ pour $\gamma \ge 3$.

Remarques. 1. $E_1^{o,o}$ est l'ensemble des fonctions différentielles
sur M constantes sur les feuilles.

2. Les termes $E_2^{a,o}$ sont les groupes de cohomotopie "base-like"
étudiés par Reinhart (Amer. Math. J. 81 (1959)).

61

Lemme 2. On a une suite exacte dont les premiers termes sont:

$$0 \to H^o(M,\mathbb{R}) \to E_1^{o,o} \to E_1^{1,0} \to H'(M,\mathbb{R}) \to \cdots$$

Preuve. Soit Q le sous-faisceau $d(P^o)$ de P', c'est la suite associée à $0 \to \mathbb{R}_M \to P^o \to Q \to 0$.

Corollaire. Pour le feuilletage de Reeb sur S^3 et pour son complémentaire on a $E_1^{1,0} = 0$.

Preuve du théorème. Soit F un feuilletage sur S^7 de dimension 2 qui donne sur chaque fibre de $\pi: S^7 \to S^4$ le feuilletage de Reeb, P son faisceau associé, $E_\gamma^{a,u}$ la suite spectrale correspondante. Dénotons par P_π le faisceau associé au feuilletage défini par la fibration, par $_\pi E_\gamma^{a,u}$ la suite spectrale. Il y a un monomorphisme de faisceaux différentiels $j : P_\pi \to P$, qui induit un morphisme $_\pi E_\gamma^{a,u} \to E_\gamma^{a,u}$ de suite spectrales.

Lemme 3. Les morphismes $_\pi E_2^{a,o} \to E_2^{a,o}$ sont des isomorphismes.

Preuve. En fait, c'est déjà un isomorphisme au niveau $E_1^{a,o}$:

De $0 \to P_\pi \to P$ on déduit $0 \to \pi P_\pi \to \pi P$ et $E_1^{a,o} = H^o(S^4, {_\pi P^a})$. Il suffit pour conclure de démontrer que les tiges de $_\pi P_\pi^a$ et $_\pi P^a$ coïncident. Ces tiges sont $P^a(S^3)$ et $P_\pi^a(S^3)$. Pour $1 > 0$, considérons l'application

$$P^a(S^3) \to P_{\mathbb{R}}^{\prime}(S^3)$$

$$\theta \longmapsto \theta \wedge \sum_{1 \le b, < \cdots < b_{5-a} \le 4} \omega_{b,\cdots,b_{5-a}} L X |S^3$$

où P_R' est le faisceau associé au feuilletage de Reeb sur S^3, $\omega_b, \dots b_{5-a} = \pi^*(d\bar{x}^{b_1} \wedge \dots \wedge d\bar{x}^{b_{5-a}})$, $(\bar{x}^1, \bar{x}^2, \bar{x}^3, \bar{x}^4)$ coordonnés dans S^4, x un relèvement de $\partial x^1 \wedge \partial x^2 \wedge \partial x^3 \wedge \partial x^4$ normal à la fibre par rapport à une métrique choisie. Le noyau de l'application est $P_\pi^a(S^3)$ et $P_R'(S^3) = 0$ d'après le corollaire au lemme 2.

Le morphisme des suites spectrales donne un diagramme commutatif

$$
\begin{array}{ccc}
{}_\pi E_2^{2,1} & \longrightarrow & E_2^{2,1} \\
\downarrow {}_\pi d_2 & & \downarrow d_2 \\
{}_\pi E_2^{4,0} & \longrightarrow & E_2^{4,0}
\end{array}
$$

$E_2^{4,0} \cong {}_\pi E_2^{4,0}$ par le lemme 3 et ${}_\pi E_2^{4,0} \cong H^4(S^4, \mathbb{R}) \neq 0$.

De la proposition et de $H^4(S^7, \mathbb{R}) = 0$ on déduit que les flèches verticales sont surjectives.

Le lemme suivant donne une contradiction.

<u>Lemme 4.</u> L'application ${}_\pi E_2^{2,1} \to E_2^{2,1}$ est nulle.

<u>Preuve.</u> Soit $\theta \in E_2^{2,1}$ dans son image.

$$\{(\theta \wedge \omega_{b,b2}) \, L \, X\}|_{S^3} \in {}_\perp E_1^{1,0} \, , \, 1 \le b_1 < b_2 \le 4$$

où ${}_\perp E_1^{1,0}$ est un terme de la suite spectrale du feuilletage complémentaire au feuilletage de Reeb sur S^3. Mais ${}_\perp E_1^{1,0} = 0$.

-XI-

Q-VARIÉTÉS DIFFÉRENTIELLES ET ANALYTIQUES

par R. Barré

§ 0. Problème initial

Dans les études (co-)homologiques des quotients, on s'intéresse assez rarement à l'objet quotient lui-même, lequel d'ailleurs n'existe pas toujours. Par exemple, dans sa thèse, publiée aux Annales Fourier, en 1967, G. GODBILLON a construit le complexe simplicial quotient d'un espace topologique par une relation d'équivalence possédant la propriété du prolongement des homotopies. Dans le cas des espaces à opérateurs, on considère les foncteurs dérivés $R^n \Gamma^G(X, F)$, où F est un G-faisceau sur X, et Γ^G désigne les sections invariantes par G.

Le problème est de rattacher ces groupes de (co-)homologie à un objet géométrique.

On dispose, d'autre part, de méthodes simpliciales, basées sur la notion de résolution simpliciale d'un espace par un complexe d'espaces. L'idée consistera à passer à la limite inductive sur un ensemble cofinal de telles résolutions. J.L. KOSZUL, dans trois articles, dont le dernier paru au Bulletin de la S.M.F. en 1959, s'était intéressé au cas des fibrés. De même M. TIERNEY et W. VOGEL, en 1969, dans le tome 111 du Math. Z. ont construit une "classe projective" dans la catégorie considérée. Ainsi ces auteurs n'eurent pas besoin d'un tel passage à la limite.

65

§ 1. Les espaces algébriques de M. ARTIN

M. ARTIN a défini, au Bombay Colloquium on Algebraic geometry, en 1968, les espaces algébriques (ou schémas pour la topologie étale) comme quotients de schémas affines par des relations d'équivalence étales, i.e. représentées par un diagramme:

$$R \overset{\rightarrow}{\rightarrow} X \rightarrow S = X/R$$

où R est un sous-schéma fermé de $X \times X$ et chaque $p_i : R \rightarrow X$ est étale .

Ces espaces ont été étudiés par KNUTSON (Lecture Notes, 1971), et M. ARTIN, qui expose leurs principales propriétés dans "Algebraic Spaces, Yale Monographs Studies 3, 1971".

Le quotient S est un schéma si, de plus, pour chaque composante connexe U, R est réduit à la diagonale.

Toute définition ou propriété des schémas, locale pour la topologie étale, se transporte aux espaces algébriques. Par exemple, le faisceau structural O_S d'un espace algébrique S est défini par $\Gamma(U,O_S) = \Gamma(U,O_U)$ pour tout schéma U étale au-dessus de S.

Les espaces algébriques au-dessus de S forment une catégorie de faisceaux pour la topologie étale, et un certain nombre de problèmes se résolvent naturellement dans cette catégorie.

On dispose de critères pour savoir si le résultat est un schéma ou non. Par exemple, si $f : Y \rightarrow X$ est une application étale et séparée

(i.e. Y est fermée dans $Y \times_X Y$) et X schéma, alors Y est aussi un schéma.

Enfin, les espaces algébriques fournissent "le bon cadre" d'une théorie des déformations.

§ 2. Les Q-variétés différentielles et analytiques

Soit $\pi : X \to S$ une application surjective, où X est une variété; le couple (X, π) sera un Q-atlas de S s'il existe sur $X \times_S X$ une structure de variété telle que

i) chaque projection soit étale;

ii) $X \times_S X$ soit une sous-variété <u>immergée</u> de $X \times X$.

Une sous-variété immergée T d'une variété M est définie par la propriété qu'une application $j \circ f : Z \to M$ à image dans T est un morphisme si et seulement si $f : Z \to T$ en est un.

<u>Contre-exemple</u> : Sur $X = \mathbb{R}$ on considère la relation d'équivalence $x \sim y \ \forall \ x, y$. Alors $R = \mathbb{R}^2$ et $X/R = *$; on met sur $\mathbb{R}^2$ la structure fine du feuilletage défini par les droites $y + x = k, k \in \mathbb{R}$. La condition ii) n'est pas vérifiée. Cette condition est nécessaire sinon la droite serait un Q-atlas du point.

<u>Exemples</u>: - Le quotient d'une variété X sous l'action d'un groupe dénombrable G, admet X comme Q-atlas. Considérer en effet le diagramme $X \times G \rightrightarrows X \to X/G$.

67

- Le quotient d'une variété paracompacte feuilletée sans holonomie transversale admet pour Q-atlas une somme disjointe de transversales.

Rappelons que le groupe d'holonomie transversale en un point d'une
variété feuilletée est le groupe des germes de difféomorphismes de transversale compatibles avec la relation d'équivalence définie par le feuilletage sur la transversale considérée. Cette notion est due à C. GODBILLON,
1967, C.R.A.S., 264, p. 1050.

Opérations sur les Q-variétés

Etant données deux Q-variétés S, S', une application f : S' → S
est un morphisme s'il en existe un relèvement $\overline{f}$: X' → X dans des Q-atlas.

Le morphisme f est Q-immersif, Q-submersif ou Q-étale si $\overline{f}$
a la propriété correspondante.

- La Q-variété tangente TS se définit de manière analogue à
la variété tangente classique.

- Toute opération sur les fibrés vectoriels classiques s'étend en
une opération sur les fibrés vectoriels ayant pour base une Q-variété :
somme, produit tensoriel, algèbre tensorielle, algèbre extérieure, fibré
des homomorphismes, dual.

- On définit la transversalité d'un couple de morphismes. Alors
sous réserve de transversalité il existe des produits fibrés, et des ima-
ges réciproques de sous-Q-variété immergée.

68

- Si on remplace dans la définition des Q-variétés X par une Q-variété et la condition i) par i') chaque projection est une Q-submersion, alors le quotient est une Q-variété.

-L'ensemble Γ, des classes d'homotopie de chemins avec extrémités fixes d'une Q-variété S, est muni d'une structure de Q-variété, qui en fait un revêtement de $S \times S$ par la projection $(\alpha, \omega) = $ (source, but), et telle $\alpha^{-1}(s_0)$ soit un revêtement universel de S pour tout s_0 de S.

3. Cohomologie des Q-variétés

On peut obtenir la cohomologie à valeurs dans un (pré-)faisceau P, d'un espace T, comme limite inductive sur un ensemble cofinal de complexes de familles d'ouverts de T (appelés échelles) des groupes $H*(C(E,P))$ où

$$E : \cdots \overset{\to}{\underset{\to}{\to}} E_n \cdots E_{n-1} \cdots \overset{\to}{\underset{\to}{\to}} E_1 \overset{\to}{\to} E_0 \overset{\varepsilon}{\to} T$$

et

$$d_n = \sum_{k=0}^{n+1} (-1)^k P(\partial_{k,n+1}).$$

On adapte aux Q-échelles sur S et aux Q-faisceaux. La cohomologie obtenue a les propriétés suivantes:

i) Si le Q-préfaisceau P engendre le Q-faisceau F sur S, les groupes $H*(S,P)$ et $H*(S,P)$ coïncident.

ii) Une petite suite exacte de Q-faisceaux sur S, soit $0 \to F' \to F \to F'' \to 0$, fournit une suite exacte illimitée de cohomologie.

iii) Pour $n \geq 1$, les Q-préfaisceaux $H(F)(V) = H^n(V,F)$ (où V est une variété Q-étale au-dessus de S) sont évanescents.

Dans le cas particulier des espaces à opérateurs, on obtient la cohomologie usuelle et la suite spectrale $E_2^{p,q} = H^q(G,H^p(X,A))$ aboutissant à $H^n(X/G,F)$, où A est le G-faisceau sur X associé à F.

La cohomologie s'identifie à $R^n T(S,F)$ grâce à ii) et iii).

En faisant des produits d'échelles et en passant à la limite inductive, on obtient la suite spectrale associée à une échelle :

Théorème: A tout Q-préfaisceau F et à toute Q-échelle E sur S, est associée une suite spectrale $E_2^{p,q} = H^p(E,H^q(F))$ aboutissant à $H^n(S,F)$ où $H^q(F)$ est le Q-préfaisceau $H^q(F)(V) = H^q(V,F)$.

On en déduit la <u>suite spectrale de Leray</u> associée à tout morphisme $f : S' \to S$ de Q-variétés.

D'autre part, on peut calculer la cohomologie réelle d'une Q-variété à l'aide d'un bicomplexe de Rham :

Soit Ω^* le Q-faisceau des germes de formes différentielles sur S, il engendre Ω^* pour toute variété V Q-étale au-dessus de S et les deux suites spectrales du bicomplexe $C_*(E,\Omega^*)$ aboutissent à $H^*(S,\mathbb{R})$.

§ 4. <u>Q-variétés en groupe</u>

Une Q-variété en groupe est la donnée sur le même ensemble G

d'une structure de Q-variété et d'une structure de groupe, telle que l'application $(x,y) \to xy^{-1}$ soit un morphisme de $G \times G$ dans G.

On montre que toute Q-variété en groupe connexe G possède un Q-atlas $\hat{G}$ qui a la propriété d'être un groupe de Lie connexe et simplement connexe. De plus G est quotient de $\hat{G}$, au sens des Q-variétés en groupe, par un sous-groupe d'algèbre de Lie nulle.

Les Q-variétés en groupe admettent des formes canoniques gauches. Soit $F = (\omega, \mathfrak{f})$ un feuilletage de Lie sur une variété M compacte à H_1 abélien, alors il existe une Q-submersion $F : M \to G$, où G est une Q-variété en groupe d'algèbre de Lie $\mathfrak{f}$ et telle que $\omega = f^{-1} \cdot df$.

R. BARRÉ, Thèse, Strasbourg 1972

(à paraître aux Ann. Fourier).

COLLECTION « SÉMINAIRE DE MATHÉMATIQUES SUPÉRIEURES »

LES PRESSES DE L'UNIVERSITÉ DE MONTRÉAL

Tous les volumes de cette collection sont polycopiés et de format 8½ x 11

Les chiffres entre crochets qui apparaissent à la suite du prix de chaque volume réfèrent au système de numérotation normalisée (International Standard Book Numbering) que Les Presses de l'Université de Montréal ont adopté.

1. Problèmes aux limites dans les équations aux dérivées partielles

JACQUES L. LIONS, Université de Paris

1965/1968, 2e édition, 176 pages : $3.00 [8405 0036 x]

2. Théorie des algèbres de Banach et des algèbres localement convexes

LUCIEN WAELBROECK, Université de Bruxelles

1965, 2e édition, 148 pages : $2.50 [8405 0037 8]

3. Introduction à l'algèbre homologique

JEAN-MARIE MARANDA

1966/1968, 2e édition, 50 pages : $2.00 [8405 0048 3]

4. Séries de Fourier aléatoires

JEAN-PIERRE KANANE, Université de Paris

1966, 2e édition, 188 pages : $3.00 [8405 0057 2]

5. Quelques aspects de la théorie des entiers algébriques

CHARLES PISOT, Université de Paris

1966/1968, 2e édition, 184 pages : $3.00 [8405 0063 7]

6. Théorie des modèles en logique mathématique

AUBERT DAIGNEAULT, Université de Montréal

1967/1969, 2e édition, 138 pages : $2.50 [8405 0072 6]

7. Promenades aléatoires et mouvement brownien

ANATOLE JOFFE, Université de Montréal

1965, 2e édition, viii et 144 pages : $2.50 [8405 0038 6]

8. Fondements de la géométrie algébrique moderne

JEAN DIEUDONNÉ, Institut des Hautes Études scientifiques, Paris

1965/1968, 2e édition, x et 154 pages : $3.00 [8405 0039 4]

9. Théorie des valuations

PAULO RIBENBOIM, Université Queen's

1965, 2e édition, 314 pages : $4.00 [8405 0040 8]

10. Catégories non abéliennes

PETER HILTON, Université Cornell, Ithaca — Suivi de textes de TUDOR GANEA, HEINRICH KLEISLI, JEAN-MARIE MARANDA et HOWARD OSBORN

1967, 2e édition, 151 pages : $2.50 [8405 0042 4]

11. Homotopie et cohomologie

BENO ECKMAN, École polytechnique, Zurich

1965/1968, 132 pages : $2.50 [8405 0022 x]

12. Intégration dans les groupes topologiques

GEOFFREY FOX, Université de Montréal

1966, 360 pages : $4.00 [8405 0051 3]

13. Unicité et convexité dans les problèmes différentiels

SHMUEL AGMON, Université hébraïque de Jérusalem

1966, 156 pages : $3.00 [8405 0058 0]

14. Axiomatique des fonctions harmoniques

MARCEL BRELOT, Université de Paris

1966, 2e édition, 142 pages : $2.50 [8405 0060 2]

15. Problèmes non linéaires

FELIX E. BROWDER, Université de Chicago

1966, 156 pages : $3.00 [8405 0065 3]

16. Équations elliptiques du second ordre à coefficients discontinus

GUIDO STAMPACCHIA, Université de Pise

1966, 328 pages : $4.00 [8405 0052 1]

17. Problèmes aux limites non homogènes

JOSÉ BARROS-NETO, Université de Montréal

1966, 87 pages : $2.00 [8405 0061 0]

18. Équations différentielles abstraites

SAMUEL ZAIDMAN, Université de Montréal

1966, 81 pages : $2.00 [8405 0049 1]

39. *Deformations of compact complex manifolds*

MASATAKE KURANISHI, Columbia University

1971, 100 pages : $2.75 [8405 0171 4]

40. *Grauert's theorem on direct images of coherent sheaves*

RAGHAVAN NARASIMHAN, Université de Genève

1971, 79 pages : $2.25 [8405 0172 2]

41. *Systems of linear partial differential equations and deformation of pseudogroup structures*

A. KUMPERA, Université de Montréal et
D.C. SPENCER, Princeton University

1974, 104 pages : $5.00 [8405 0249 4]

42. Analyse globale

P. LIBERMANN, K. D. ELWORTHY, N. MOULIS,
K. K. MUKHERJEA, N. PRAKASH, G. LUSZTIG et W. SHIH

1971, 216 pages : $3.75 [8405 0173 0]

43. *Algebraic space curves*

SHREERAM S. ABHYANKAR, Purdue University, Lafayette

1971, 116 pages : $2.75 [8405 0181 1]

44. Théorèmes de représentabilité pour les espaces algébriques

MICHAEL ARTIN, Massachusetts Institute of Technology,
Cambridge, Mass.

1973, 284 pages : $5.00 [8405 0219 2]

45. Groupes de Barsotti-Tate et cristaux de Dieudonné

ALEXANDRE GROTHENDIECK, Institut des Hautes Etudes
Scientifiques de France, Bures-sur-Yvette

1974, 160 pages : $5.00 [8405 0250 8]

46. *On flat extensions of a ring*

MASAYOSHI NAGATA, Kyoto University

1971, 53 pages : $2.25 [8405 0182 x]

47. Introduction à la théorie des sites et son application à la construction des préschémas quotients

MASAYOSHI MIYANISHI, Université de Montréal

1971, 100 pages : $2.75 [8405 0174 9]

48. Méthodes logiques en géométrie diophantienne

SHUICHI TAKAHASHI, Université de Montréal

1974, 182 pages : $5.00 [8405 0251 6]

51. Introduction à la théorie des hypergraphes

CLAUDE BERGE, Centre national de la recherche
scientifique, Paris

1973, 114 pages : $3.50 [8405 0221 4]

52. *Automath, a language for mathematics*

NICOLAAS G. DE BRUIJN, Technological University,
Eidhoven, Pays-Bas

1973, 62 pages : $2.50 [8405 0223 0]

54. La série génératrice exponentielle dans les problèmes d'énumération

DOMINIQUE FOATA, Université Louis-Pasteur, Strasbourg

1974, 190 pages : $5.00 [8405 0234 6]

55. Feuilletages : résultats anciens et nouveaux (Painlevé, Hector et Martinet)

GEORGES H. REEB, Université de Strasbourg

1974, 74 pages : $5.00 [8405 0230 3]

57. *Minimal varieties in real and complex geometry*

H. BLAINE LAWSON, JR., Université de Californie, Berkeley

1974, 104 pages : $5.00 [8405 0248 6]

En préparation

La géométrie combinatoire
GIAN-CARLO ROTA

Problèmes de tri et tableaux de Young
MARCEL SCHUTZENBERGER

Automorphismes des graphes
GERT SABIDUSSI

Achevé d'imprimer à Montréal,
le 30 janvier 1974